AF357890

19 mai 1897.

V

VENTE

DE

MEUBLES ANCIENS

Meubles de salon, Sièges, Commodes, Consoles, Chiffonnier

Bureau, Table

DES ÉPOQUES LOUIS XV, LOUIS XVI ET EMPIRE

Lit de style Renaissance, Meubles modernes.

BRONZES D'AMEUBLEMENT, SCULPTURES

MODÈLE DE CANON DU XVIIe SIÈCLE

TABLEAUX, DESSINS, GRAVURES

Porcelaines, Curiosités, Objets de vitrine

TAPISSERIES & ÉTOFFES ANCIENNES

Objets variés

HOTEL DROUOT — SALLE N° 1

Le Mercredi 19 Mai 1897, à 2 heures

Mᵉ Maurice DELESTRE | **M. B. LASQUIN**

COMMISSAIRE-PRISEUR | EXPERT

Rue Saint-Georges, 5 | Rue Laffitte, 12

EXPOSITION PUBLIQUE

Le Mardi 18 Mai 1897, de 1 heure 1/2 à 5 heures 1/2

PARIS — 1897

IMPRIMERIE MAULDE ET RENOU

MAULDE, DOUMENC & Cie

IMPRIMEURS DE LA COMPAGNIE DES COMMISSAIRES-PRISEURS

Rue de Rivoli, 144

CONDITIONS DE LA VENTE

—

Elle sera faite au comptant.

Les Acquéreurs paieront CINQ POUR CENT en sus des adjudications.

MAULDE, DOUMENC et Cie, imprimeurs de la Cie des Commissaires-Priseurs
rue de Rivoli, 144   400—66603

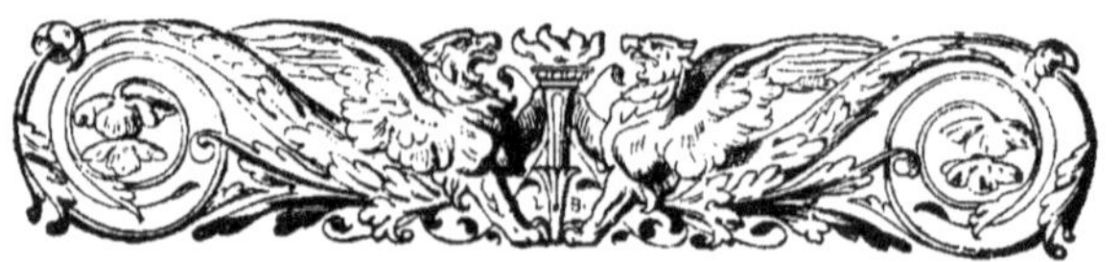

DÉSIGNATION

—

MEUBLES ANCIENS ET DE STYLE

1 — Bergère Louis XV, en bois sculpté, garnie d'ancienne soierie brochée à fleurs en couleurs sur fond crème.

2 — Console d'applique de l'époque Louis XV, en bois sculpté, à motifs rocaille, partie dorée et partie peinte. Dessus de brèche.

3 — Petite Table style Louis XV, à contours, en bois de placage.

4 — Commode Louis XVI, de forme cintrée, à portes sur les côtés en acajou. Signée RIESENER. Dessus de marbre rouge.

5 — Chiffonnier, formant secrétaire, époque Louis XVI, en acajou. Dessus de marbre.

6 — Secrétaire Louis XVI, en acajou.

7 — Fauteuil de bureau Louis XVI, garni de cuir.

8 — Deux Fumeuses Louis XVI, en bois sculpté.

9 — Petit Bureau Louis XVI, en acajou, le dessus formant vitrine.

10 — Sept Chaises de l'époque Louis XV, en bois sculpté, garnies de canne.

11 — Cons : Louis XV, en bois sculpté et doré, à dessus d. marbre.

12 — Tabouret Louis XV, en bois sculpté.

13 — Bidet du temps de Louis XVI, en bois de placage. Cuvette en faïence de Rouen.

14 — Un Canapé de l'époque Louis XVI, en bois sculpté.

15 — Deux Fauteuils Louis XIV, garnis de tapisserie au point.

16 — Un Fauteuil Louis XV.

17 — Deux Chaises Directoire, en bois sculpté.

18 — Table de forme Louis XV, en bois de placage, garnie d'un quart de rond et de chutes en bronze.

19 — Pendule à carillon de l'époque Louis XIII, à cage en bois de placage, garnie d'ornements et surmontée d'un dôme en bronze doré.

20 — Grand Lit style Renaissance, à noyer sculpté à godrons, à colonnes balustres et baldaquin. Le chevet sculpté à ornements. Garniture en velours rouge avec armoiries anciennes en étoffe.

21 — Six Chaises hollandaises en bois, marqueté à fleurs garnies de velours vert.

22 — Six Chaises anciennes flamandes à pieds tournés et garnis de cuir.

23 — Table Louis XIII.

24 — Ameublement de salon de style Louis XV, en bois sculpté à contours et feuillages, laqué blanc, garni de velours rouge frappé, composé de : un Canapé, huit Fauteuils, douze Chaises et deux Tabourets, plus une Table.

25 — Six Chaises Empire en bois noir et or à dossier ajouré, garnies de moleskine jaune.

26 — Guéridon en acajou à dessus de marbre. Empire.

27 — Deux Sièges X Empire, en bois noir.

28 — Petit Bureau en acajou à deux tiroirs.

29 - Consoles à deux tablettes en acajou.

30 — Table de salle à manger en noyer.

31 — Console à filets noirs et cinq rallonges allant avec la table qui précède.

32 — Suspension en cuivre pour salle à manger.

33 — Lit Empire à bateau, en acajou massif moucheté ; un Sommier et un Traversin.

34 — Psyché Empire en acajou, de forme cintrée, supports à bracelets et vases en bronze.

35 — Panneau en bois sculpté du xvie siècle : *Le Baptême du Christ dans le Jourdain.*

36 — Bas-Relief en marbre blanc.

37 — Beau Devant de coffre de l'époque Louis XIII, en bois sculpté, offrant une figure d'enfant au milieu de rinceaux de feuillages et de guirlandes.

38 — Support de tabernacle composé de deux anges en bois sculpté et doré. Époque Louis XV.

39 — Deux Statuettes torchères en bois sculpté et doré : *L'Espérance et la Charité*, sur socles carrés sculptés.

40 — Petit Miroir Louis XIV, à bordure sculptée et dorée.

41 — Frise de trumeau en bois sculpté dans la masse. Époque Louis XIV.

42 — Statuette d'Hercule, en terre cuite, du xviiie siècle.

43 — Deux Supports en bois de fer à dessus de marbre.

44 — Orgue portatif en acajou. Époque de l'Empire.

45 — Guéridon Louis XVI, en acajou.

46 — Petite Pendule de bureau Louis XIV.

TAPISSERIES ET ÉTOFFES

47 — Tapisserie à personnages (Assuérus) et très belle Bordure, genre Aubusson. xviie siècle.

48 — Couvrepied en ancienne soie brochée sur fond vert.

49 — Couvrepied en damas rouge. Époque Louis XVI.

50 — Feuille d'écran en tapisserie fine, époque Louis XV,
à sujet tiré des Fables de La Fontaine.

52 — Couvrelit en soie verte rayée Louis XVI, bordé
de soie rose.

TABLEAUX ET DESSINS

53 — **École française** (Iᵉʳ Empire). Portrait de jeune
Femme tenant un Carlin. par Mˡˡᵉ HENRY.

54 — **École française** (xviiiᵉ siècle). La Place d'Armes
à Versailles en 1760.

55 — **École française**. Vue de Paris prise de Meudon,
vers 1830.

56 — **Carle Vernet**. Carabinier et lancier de la garde
royale (Aquarelle.)

57 — **Ledoux.** Projet de barrière pour Paris. (Dessin.)

58 — **Mallet.** La Sibylle. (Gouache.)

59 — **Moreau le Jeune** (?). Le Sacre de Louis XVI.
(Dessin à l'encre de Chine.)

60 — **Vincent**. Femme en buste. (Dessin.)

61 — **École française**. Portrait d'un Architecte en
costume Louis XVI.

62 — **École française** (VESTIER). Portrait d'un Bourgeois
de l'époque de la Révolution.

63 — **École française** (Fin Louis XVI). Vue d'un
château avec parc. (Gouache.)

64 — **Carelli.** Barques en mer.

65 — **École hollandaise.** Portrait de Femme.

66 — **École française** (xviiiᵉ siècle). Portrait de jeune Femme en buste, avec roses au corsage.

67 — **Fragonard** (Genre de). Vénus et l'Amour. (Pastel.)

68 — **Greuze** (D'après). Tête de jeune Fille, cadre ancien en bois sculpté.

69 — **Janinet** (Attribué à). Portrait de Marie-Antoinette. (Dessin en couleur.)

70 — **Lobrichon.** Femme épluchant un fruit. (Dessin.)

71 — **X....** Un Tableau : Bataille, et une Eau-Forte.

72 — **Divers.** Trois Tableaux : Incendie, genre VAN DER NEER ; Réunion galante, genre LANCRET et la Marchande de poisson, genre METZU.

GRAVURES

73 — Gravure du xviiiᵉ siècle : Le Concert Meritis, à Amsterdam.

74 — Gravure avant la lettre, d'après HILAIRE LEDRU : Marie-Antoinette au Tribunal révolutionnaire.

75 — Gravure de JANINET, d'après MOITTE : Comparution de Catelina.

76 — Gravure à l'eau-forte, par AVRIL, d'après J. VERNET, 1775 : Naufrage.

77 — Gravure en couleur : Expérience aérienne de Charles et Robert aux Tuileries, en 1783.

PORCELAINES, CURIOSITÉS

78 — Potiche en ancienne porcelaine du Japon à décor bleu à vases de fleurs.

79 — Petite Potiche en vieux Japon, décor bleu à arbustes.

80 — Deux Vases en porcelaine décorée à décor de fleurs sur fond gros bleu.

81 — Deux Vases en porcelaine dorée du temps de l'Empire.

82 — Deux Statuettes en Saxe.

83 — Deux Vases à fleurs carrés en faïence de Saint-Amand.

84 — Jardinière en faïence de Gien, avec support en bois noir.

85 — Tasse et Soucoupe en porcelaine de Saxe gros bleu et or.

86 — Écuelle couverte et sa Soucoupe en vieux Saxe, décor de figures chinoises en camaïeu lilas et paysages en grisaille.

87 — Tasse et sa Soucoupe en vieux Saxe à médaillons de figures en couleurs et dorure.

88 — Deux Tasses avec Soucoupes en vieux Vienne, l'une à fond jaune avec figures d'enfants d'après RUBENS, l'autre à fleurs et fond rouge.

89 — Plateau à contours en porcelaine tendre décorée, bordure turquoise.

90 — Statuette de Joueur de musette, en vieux Saxe.

91 — Groupe de deux figures en porcelaine de Mennecy : Femme cirant la chaussure d'un gentilhomme.

92 — Petit Encrier formé d'une fleur en porcelaine de Mennecy, montée sur un plateau en laque.

93 — Un petit Buste de Satyre en biscuit.

94 — Cache-pot en porcelaine tendre de Chantilly, décoré de fleurs, socle rocaille en bronze.

95 — Un Vase balustre en porcelaine de Saxe, décoré de bouquets de fleurs.

96 — Une Tasse et Soucoupe en Saxe, décor de fleurs et papillons.

97 — Une Vasque ronde en porcelaine de Saxe, décor de fleurs.

98 — Écritoire composé de trois pièces sur plateau ovale en porcelaine de Saxe.

99 — Miniature ovale : Portrait en buste du comte Potoki, cadre en cuivre.

100 — Médaillon diptyque, forme ronde, en buis sculpté : Saint Georges, travail russe, dans une enveloppe en métal.

101 — Deux Médaillons ronds en ébène gravé par DEFRANCE : Architecture.

102 — Un petit Médaillon : Jeux d'enfants, en terre cuite.

103 — Une Tasse en argent doré avec fond formé d'une médaille ancienne.

104 — Broche forme nœud en or émaillé.

105 — Tabatière russe en laque.

106 — Coffret à contours décoré au vernis d'un sujet pastoral.

107 — Corbeille en cristal avec anse mobile en bronze doré.

108 — Deux Vases Empire en verre opalin avec montures en bronze doré.

109 — Beurrier et Soucoupe en cristal taillé Empire.

110 — Trois Médaillons ; Têtes de Louis XVIII et d'un personnage du Directoire.

111 — Deux Plaques d'émail, têtes d'hommes du xvie siècle, d'après A. Dürer.

112 — Une Coupe en émail cloisonné.

113 — Deux Cendriers en émail et une Miniature : Marchande d'œufs.

114 — Deux Médaillons en ivoire et un bas-relief en terre cuite.

115 — Petit Coffret statuette, et deux Panneaux en marqueterie.

116 — Huit Pièces : Petites Peintures et Gravures.

117 — Statuette de Madone, en bois sculpté, du xviie siècle.

BRONZES

118 — Paire de Flambeaux style Louis XV, en bronze doré.

119 — Paire de Flambeaux en cuivre.

120 — Pendule Empire, à deux figures en bronze doré.

121 — Deux Bougeoirs Louis XV, en bronze doré, joli modèle à feuillage et rocailles.

122 — Petit Presse-Papier en forme d'autel triangulaire, en bronze doré à têtes de béliers.

123 — Une Terrasse rocaille en bronze doré, avec feuillages peints.

124 — Presse-Papier en bronze doré et malachite : Porteur d'eau russe.

125 — Lot de Bronzes, ornements de meubles Louis XVI et Empire.

126 — Deux Flambeaux Empire à figurines d'enfants, en bronze patiné, binets et bases dorés.

127 — Grand Candélabre à trois lumières sur longue tige, ornée de deux Amours adossés, bronze de l'Empire.

128 — Autre Candélabre analogue au précédent.

129 — Deux Flambeaux Louis XVI, en bronze doré à feuilles de laurier.

13o — Petite Pendule Louis XIV, plaquée d'écaille à dôme et encadrements en bronze.

131 — Deux petits Chenets Louis XVI en cuivre.

132 — Deux grands Candélabres en bronze. Époque 1er Empire.

133 — Statuette en bronze sur socle en marbre représentant un empereur romain.

134 — Pendule borne en marbre rouge surmonté d'un buste de la Jeunesse, en bronze de BARBEDIENNE.

135 — Lanterne Louis XIV, en cuivre.

136 — Devant de foyer avec Pelle et Pincettes.

137 — Lampe, monture en bronze et porcelaine.

138 — Lot d'Embrasses, Patères, Franges et Glands, tringles, etc.

139 — Paire de Rideaux en cretonne.

140 — Cinq Galeries de fenêtres en bois peint avec frange rouge.

141 — Deux Socles carrés en bois peint.

142 — Lanterne magique.

143 — Petit Orgue de Barbarie.

144 — Un Fauteuil roulant.

OBJETS DIVERS

145 — Petit modèle de Canon du xviie siècle, en bronze, décoré d'une armoirie et monté sur son affut.

146 — Deux petits modèles de Mortiers anciens en bronze.

147 — Statuette de Voltaire assis, plâtre provenant de l'atelier de HOUDON, portant le cachet de l'Académie Royale de peinture et de sculpture.

148 — Petit Buste en bronze de F. ARAGO.

149 — Gravures, Dessins et Aquarelles : Les Misères de la Guerre, par P. CALLOT.

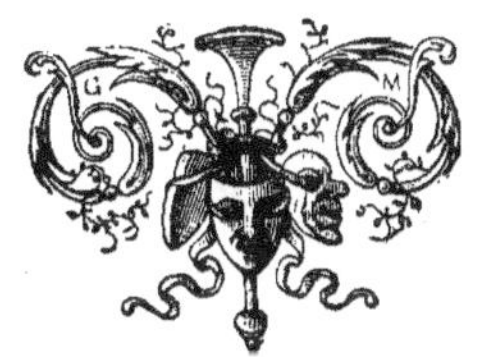